AF586027

M. ÉDOUARD THUREAU

1830—1890

BANQUET

OFFERT PAR SES AMIS DU BARREAU

Le 6 février 1890

A

M. ÉDOUARD THUREAU

DOYEN DE L'ORDRE DES AVOCATS A LA COUR D'APPEL DE PARIS

A L'OCCASION

DE LA SOIXANTAINE DE SON INSCRIPTION AU TABLEAU

M. ÉDOUARD THUREAU

1830—1890

Le jeudi 6 février 1890, sur l'initiative de M. le Bâtonnier Cresson et des membres du conseil de l'Ordre, un grand nombre de confrères et amis de M. Édouard Thureau ont célébré, dans un banquet, la soixantième année de son inscription au tableau de l'Ordre des avocats à la Cour d'appel de Paris.

A cette fête, toute confraternelle, avaient été invités M. Georges Thureau, juge au Tribunal de la Seine, fils du vénéré doyen; M. Édouard Thureau, sous-lieutenant au 15e régiment de chasseurs à cheval, son petit-fils, et M. Pierre Péronne, avoué près le Tribunal de la Seine, son petit-gendre.

Au dessert, M. le Bâtonnier Cresson a porté le toast suivant, qui a été salué par de chaleureux applaudissements :

Mon cher Thureau,

Pour la première fois, à côté de votre nom, le tableau imprime le titre que Berryer a désiré, qu'il a ravivé et grandi en le portant, qu'il a transmis à des successeurs révérés. Publiquement aujourd'hui, vous êtes le doyen de notre Ordre.

Mais, en même temps, le vieux rôle de nos pères se presse de répéter et de divulguer que vous êtes entré dans la soixantième année de votre vie professionnelle. Pardonnez-lui cette précipitation indiscrète ; il est si fier, avec juste raison, de votre longue et sage fidélité !

Oui, le très jeune avocat de 1830 est devenu ce jeune doyen de 1890 qui étonne et charme le Palais par la vivacité pénétrante de l'esprit, par la finesse des reparties souriantes, par la chaleur d'un cœur toujours occupé du Barreau, de sa prospérité, de sa grandeur.

Mon cher Thureau, votre avènement à la dignité que confère le rang et que consacrent les respects de la confraternité devait être l'occasion d'une fête ; les membres du Conseil, entourés de vos amis, ont voulu la célébrer.

Pourquoi vous êtes-vous ému d'une résolution

qu'inspirait un sentiment unanime? Votre réserve, toujours si délicate, doit se résigner devant une nouveauté qui permet à chacun de nous de féliciter l'ancien des anciens! Le Barreau salue et remercie le confrère dont la vie entière a été consacrée au culte du bien; il s'honore des mérites que, durant plus d'un demi-siècle, il a chaque jour éprouvés et applaudis.

On sait que les hommes de votre caractère n'acceptent pas facilement les éloges; ils dédaignent une monnaie prodiguée, usée tous les jours et partout falsifiée. Qu'importe à votre conscience, ce juge sans complaisance, qu'on proclame votre passion pour le devoir, l'élévation de vos sentiments, la fierté de votre indépendance; surtout qu'on évoque les souvenirs d'une carrière si simplement, mais si noblement parcourue?

Rassurez-vous contre les louanges en vous rappelant que notre confraternité est sincère; elle ne dit que ce qu'elle pense, mais elle dit tout ce qu'elle pense. Si bien que personne ici ne me pardonnerait de garder le silence sur la vérité. Mon cher Thureau, il faut la subir. Écoutez-la.

La profession est contente de vous. Vous vous êtes occupé à bien faire, sans chercher à ce qu'on dise que vous aviez bien fait. « Votre talent, écrirait La Bruyère, a eu la principale partie de l'orateur, la probité. »

Les vieux savent que l'ami de Paillet, que l'ami préféré de Delangle, a veillé utilement sur les traditions du Barreau, qu'il les a servies par la délibération, par les actes et par l'exemple.

Les jeunes, ceux qui le sont comme ceux qui croient l'être encore, les jeunes n'ont jamais cessé de trouver auprès de votre expérience, avec un accueil paternel, des conseils, parfois des leçons aussi pratiques que sages.

Jeunes et vieux aiment le confrère qui les a beaucoup aimés ! Tous sont heureux de lire le nom d'Édouard Thureau au premier rang de ce tableau que le talent illustre et qu'ennoblit l'honneur.

Devant vos petits-fils, fiers de vous appartenir, devant votre fils, ce vrai magistrat qui me défendrait de le louer, surtout autant qu'il le mérite, je propose à nos confrères, vos amis, de boire :

A Édouard Thureau, notre doyen respecté, à ses longs jours, au bonheur dont il est digne !

M. Thureau a répondu en ces termes à M. le Bâtonnier :

Monsieur le Batonnier, mes chers confrères, mes amis,

Comment vous exprimer les sentiments qui se pressent dans mon cœur ? Le trouble, l'émotion, pourquoi ne dirais-je pas le bonheur que me cause cette fête, me permettront-ils de répondre comme je le voudrais aux paroles trop élogieuses que vous venez d'entendre?

Parmi les titres que votre amitié me donne à l'honneur qui m'est fait aujourd'hui, monsieur le Bâtonnier, il en est deux, deux seulement, que je ne peux ou ne veux pas décliner.

Le premier, hélas! dont je ne puis être fier et dont j'aimerais à rejeter au loin le fardeau, c'est mon âge. Quatre-vingt-deux ans d'existence! Soixante ans d'inscription à notre tableau! 1808, l'année de Tilsitt; 1830, l'année des trois jours! Alors que figuraient encore à la tête de notre Ordre les vénérables représentants du siècle passé : Delacroix-Frainville, dont j'ai le bonheur d'apercevoir le petit-fils, l'un de nos sous-doyens, ici, au milieu de nous; Archambauld, Thévenin, Gairal... Je les vois encore, ces pieux gardiens du feu sacré de nos traditions pendant la tourmente révolutionnaire; je les vois avec leurs ailes de pigeon, queue poudrée, culotte courte, bas de soie coquettement tendus, grande boucle d'argent à la chaussure. Je les vois traversant à pas comptés, chaque mardi, notre vieille bibliothèque, pour pénétrer dans la salle du Conseil, suivis de la glorieuse phalange des jeunes, Philippe Dupin, Delangle, Marie, Paillet, Chaix d'Est-Ange... Depuis cette époque, deux, trois générations de grands avocats se sont succédé sous mes yeux. Berryer, Bethmont, Jules Favre, et tant d'autres! Parmi eux, que d'amis disparus! Permettez-moi, mes chers confrères, de donner, même au milieu de notre fête, un regret profond, un souvenir douloureux aux derniers partis, à ceux que j'aurais vus avec tant de joie assis comme vous à cette table, eux que je précédais dans la vie et qui m'ont précédé dans la mort, Mathieu, Lacan, Nicolet, Allou, Templier.

Mon second titre auprès de vous, et celui-là, je l'accepte de tout cœur et je le revendiquerais au besoin avec fierté et sans fausse modestie, c'est ma fidélité au Barreau. Oui, j'ai aimé et j'aime toujours avec passion notre chère profession. J'ai eu et j'aurai pour elle jusqu'à la fin de mes jours un véritable culte ; je n'en connais pas de plus belle, parce que je n'en connais pas de plus indépendante et, si je peux parler ainsi, de plus confraternelle. Comment ne l'aimerais-je pas, cette profession qui n'a eu pour moi que des jouissances, qui m'a donné constamment de si bons confrères !

Puis-je oublier qu'en 1832 vos *aïeux* me nommaient au secrétariat de la Conférence et m'y maintenaient pendant trois années ? Puis-je oublier que, le 12 août 1847, vos *pères* honoraient ma jeunesse en m'appelant au Conseil de l'Ordre ? Si ce fut pour moi un bien beau jour, songez ce que doit être la soirée du 6 février 1890, où vous couronnez ma vieillesse par des témoignages si touchants et si inattendus d'estime et d'amitié.

Mais, Messieurs du Conseil, en convoquant le Barreau à cette fête de famille, n'avez-vous pas eu une pensée plus haute que celle de célébrer ma soixantaine de Palais et de donner à votre doyen un *satisfecit*, que je prie Dieu de ne pas convertir trop vite en *exeat ?* N'avez-vous pas voulu donner à tous un encouragement et un exemple ? N'avez-vous pas voulu montrer que, si vous avez des palmes riomphales pour l'éloquence entraînante de l'orateur, pour la science profonde du jurisconsulte, pour l'éclat et le charme de l'écrivain unis au courage civique qui court au-devant des victimes pour les arracher aux bourreaux, vous réservez aussi des sympathies, je n'ose dire des ovations, à des talents plus modestes? Pour bien mériter de vous, il suffit de remplir son devoir.

Cette bienveillance, cette indulgence a sa source dans le sentiment inappréciable que nous appelons la confraternité. C'est ce sentiment qui, au Palais, répand ses charmes sur nos relations de chaque jour et qui survit même à ces relations.

En vain l'âge nous a condamnés au repos et au silence; en vain les dossiers ne nous entraînent plus chaque matin à l'audience. Un attrait irrésistible, une sorte de nostalgie nous y ramène sans cesse.

...Juvat ire et Dorica castra
Dilectos*que videre locos...*

Nous sommes si heureux de venir, aux jours d'élection, voter pour les plus dignes et, à l'ouverture de la conférence, applaudir aux discours de nos jeunes stagiaires; si heureux de retrouver, dans notre grande salle des Pas perdus, quelques-uns de nos vieux camarades, et lorsqu'une main amie vient presser la nôtre, de sentir la commotion électrique qui nous touche au cœur!

Plus le héros de la fête est obscur, et plus la manifestation de notre confraternité est éclatante.

Merci donc, mes chers confrères, de cette fête que vos commissaires ont si admirablement organisée ; merci d'y avoir, par une attention délicate, appelé mon fils et les deux aînés de mes petits-fils.

Merci du souvenir impérissable que vous aurez laissé dans ma famille, et sous la protection duquel un de mes petits-fils viendra, je l'espère, prendre dans peu d'années place parmi vous.

Veuillez agréer le toast de dévouement, d'affection et de reconnaissance que je porte :

A vous, Monsieur le Bâtonnier, qui n'avez cessé depuis plus de quarante ans de me prodiguer les trésors inépuisables de votre franche et si chaleureuse amitié ;

A vous, Messieurs les membres du Conseil, qui, en prenant l'initiative de cette réunion amicale, m'avez fait un honneur dont j'ai peine, aujourd'hui même, à me croire digne ;

A vous tous, mes bons confrères, présents ou absents, qui avez répondu à cet appel avec un empressement que je n'oublierai jamais ;

A notre inaltérable confraternité !

Après cette allocution, fréquemment interrompue par des bravos unanimes et réitérés, M. le Bâtonnier a donné l'accolade confraternelle à M. Édouard Thureau et lui a remis une médaille votée en son honneur par le Conseil de l'Ordre, le 16 janvier 1890, et sur laquelle, avec le nom du doyen, sont gravées ces deux dates :

1830—1890

En même temps, M. le Bâtonnier a dit ces quelques mots :

« Le Conseil de l'Ordre, en votant une médaille à « notre bien-aimé doyen, m'a laissé le choix du « moment et du lieu où je lui en ferais la remise. Je « suis heureux de couronner cette fête de famille en « remettant à M. Thureau la médaille avec le diplôme « qui doit en perpétuer le souvenir. »

PARIS

TYPOGRAPHIE DE E. PLON, NOURRIT ET Cie

Rue Garancière, 8.

PARIS

TYPOGRAPHIE DE E. PLON, NOURRIT ET Cie

8, rue Garancière, 8.

www.ingramcontent.com/pod-product-compliance
Lightning Source LLC
LaVergne TN
LVHW052030160826
845678LV00003B/1256

* 9 7 8 2 3 2 9 6 3 7 2 2 8 *